BEI GRIN MACHT SICH IHR WISSEN BEZAHLT

- Wir veröffentlichen Ihre Hausarbeit, Bachelor- und Masterarbeit

- Ihr eigenes eBook und Buch - weltweit in allen wichtigen Shops

- Verdienen Sie an jedem Verkauf

Jetzt bei www.GRIN.com hochladen und kostenlos publizieren

Jürgen Wolsfeld

Die Aussetzung des Vollzugs nach § 116 StPO

GRIN Verlag

Bibliografische Information der Deutschen Nationalbibliothek:

Die Deutsche Bibliothek verzeichnet diese Publikation in der Deutschen National-
bibliografie; detaillierte bibliografische Daten sind im Internet über http://dnb.d-
nb.de/ abrufbar.

Impressum:

Copyright © 1999 GRIN Verlag GmbH
Druck und Bindung: Books on Demand GmbH, Norderstedt Germany
ISBN: 978-3-638-92821-2

Dieses Buch bei GRIN:

http://www.grin.com/de/e-book/89064/die-aussetzung-des-vollzugs-nach-116-stpo

Die Aussetzung des Vollzugs nach § 116 StPO

Bearbeiter: Jürgen Wolsfeld

Inhaltsverzeichnis

3

Literaturverzeichnis

Boujong, Karlheinz — in: Karlsruher Kommentar zur Strafprozessordnung, Hrsg.: Gerd Pfeiffer, 3., neubearbeitete Auflage, München 1993, (zitiert: **Boujong**, in KK, StPO, 1993).

Deckers, Rüdiger — in: Beck'sches Formularbuch für den Strafverteidiger, Hrsg.: Rainer Hamm, Ingram Lohberger, 2., neubearbeitete Auflage, München 1992, (zitiert: **Deckers**, in Beck'sches Formularbuch für den Strafverteidiger, 1992).

Hengstberger, Hermann — Untersuchungshaft und Strafprozessänderungsgesetz, in JZ 1996, Seite 209 ff. (zitiert: **Hengstberger**, JZ 1966, Seite 209 ff.).

Kleinknecht, Theodor / **Meyer**, Karlheinz / **Meyer-Goßner**, Lutz — Strafprozessordnung, Kommentar, 43., neubearbeitete Auflage, München 1997, (zitiert: **Kleinknecht/Meyer-Goßner**, StPO, 1997).

Paeffgen, Klaus — in: Systematischer Kommentar zur Strafprozessordnung und zum Gerichtsverfassungsgesetz, Hrsg.: Hans-Joachim Rudolphi, Frankfurt/Main 1997, (zitiert: **Paeffgen** in SK, StPO, 1997).

Seebode, Manfred — Zur Bedeutung der Gesetzgebung für die Haftpraxis, in StV 1989, Seite 118 ff., (zitiert: **Seebode** in StV 1989, Seite 118).

Setsivits, Siegbert — Untersuchungshaft – Verschonung: ein Begütertenprivileg?, in ZRP 1969, Seite 175f., (zitiert: **Setsivits**, ZRP 1969, Seite 175 f.).

Tiedemann, Klaus　　　　　　Gleichheit und Sozialstaatlichkeit im Strafrecht, in GA
　　　　　　　　　　　　　　1964, Seite 353 ff.,
　　　　　　　　　　　　　　(zitiert: **Tiedemann**, GA 1964, Seite 353 ff.).

Wendisch, Günter　　　　　　in: Die Strafprozessordnung und das
　　　　　　　　　　　　　　Gerichtsverfassungsgesetz, Großkommentar/Löwe-
　　　　　　　　　　　　　　Rosenberg, Hrsg.: Peter Riess, Bd. 2, §§ 112-197, 24.,
　　　　　　　　　　　　　　neubearbeitet Auflage, Berlin, New-York 1989,
　　　　　　　　　　　　　　(zitiert: **Wendisch** in Löwe-Rosenberg, StPO, 1989).

1 § 116 StPO als Ausprägung des Verhältnismäßigkeitsgrundsatzes

Gemäß § 116 StPO setzt der Richter den Vollzug des Haftbefehls aus, „wenn weniger einschneidende Maßnahmen die Erwartung hinreichend begründen, dass der Zweck der Untersuchungshaft auch durch sie erreicht werden kann." Es handelt sich bei dieser Formulierung, welche den § 116 StPO durchzieht, um eine gesetzliche Konkretisierung des Verhältnismäßigkeitsgrundsatzes. Danach ist stets, dass am wenigsten einschneidende Mittel zu wählen. So etwa können - dem durch eine erhebliche Straferwartung bedingten Fluchtanreiz -soziale Bindungen von solcher Stärke entgegenstehen, dass durch hinzutretende weniger einschneidende Maßnahmen gem. § 116 StPO der Fluchtgefahr Rechnung getragen werden kann[1]. Damit nimmt § 116 StPO eine wichtige Stellung in das dem Strafprozessrecht immanente Spannungsverhältnis zwischen dem in Art. 2 Abs. 2 und Art. 104 GG gewährleisten Recht des einzelnen auf persönliche Freiheit und den unabweisbaren Bedürfnissen einer wirksamen Strafverfolgung durch Vollzug der Untersuchungshaft ein. Untersuchungshaft ist Freiheitsentziehung im Sinne des Art. 104 GG, deren Anordnung ausschließlich dem Richter vorbehalten ist (§ 114 StPO). Die Wahrung des Verhältnismäßigkeitsgrundsatzes ist im Hinblick auf die Schwere des strafprozessualen Grundrechtseingriffs und dessen Irreversibilität von besonderer Bedeutung. Die Neuordnung des Haftrechts durch das Gesetz zur Änderung der Strafprozessordnung und des Gerichtsverfassungsgesetzes vom 19.12.1964, das am 01.04.1965 in Kraft getreten ist, verfolgte daher auch das Ziel, dem Grundsatz der Verhältnismäßigkeit entsprechend die Anordnung und Dauer der Untersuchungshaft zu beschränken. Die Strafprozessnovelle, deren Ziel eine verfassungskonforme Ausgestaltung des Strafverfahrens war, will dem Grundsatz der Verhältnismäßigkeit im Untersuchungshaftrecht allgemein Geltung verschaffen. Dieser Grundsatz ergibt sich aus dem Rechtsstaatsprinzip, bzw. bereits aus den Grundrechten selbst, die als Ausdruck des allgemeinen Freiheitsanspruchs des Bürgers gegenüber dem Staat von der öffentlichen Gewalt jeweils nur so weit beschränkt werden dürfen, als es zum Schutz öffentlicher Interessen unerlässlich ist. Dafür ist das Grundrecht der persönlichen Freiheit besonders bedeutungsvoll durch die Anerkennung der Freiheit der Person als „unverletzlich". Der Verhältnismäßigkeitsgrundsatz macht immer eine Abwägung zwischen den betroffenen Gütern erforderlich. Bei der nach § 116 StPO obliegenden Abwägung hat der Richter stets zu beachten, dass es der vornehmlich Zweck und der eigentliche Rechtfertigungsgrund der

---

[1] OLG Frankfurt in StV 1985, Seite 374.

Untersuchungshaft ist, die Durchführung eines geordneten Strafverfahrens zu gewährleisten und die spätere Strafverfolgung sicherzustellen. Ist die Untersuchungshaft zu einem dieser Zwecke nicht mehr nötig, so ist es unverhältnismäßig und daher grundsätzlich unzulässig, sie aufrechtzuerhalten. Dies ist namentlich bei „weniger einschneidenden Maßnahmen" der Fall. Zusammenfassend legt § 116 StPO dem Richter also die Pflicht auf, bei jeder Verhaftung wegen Flucht-, Verdunkelungs- und Wiederholungsgefahr zu prüfen, ob der Zweck der Untersuchungshaft nicht durch weniger einschneidende Freiheitsbeschränkungen erreicht werden kann. Ist dies der Fall, so ist der Vollzug des Haftbefehls auszusetzen. Nur durch die Zulassung einer Haftverschonung nach § 116 StPO kann die Minderung des Schutzes des Beschuldigten einigermaßen ausgeglichen werden. Gleichwohl sieht das Bundesverfassungsgericht in der Haftverschonung nach § 116 StPO eine „kontrollierte Freiheit"[2].

Festzuhalten bleibt letztlich, dass der § 116 StPO „Hand in Hand" mit dem Verhältnismäßigkeitsgrundsatz geht.

Auch ist § 116 StPO notwendige Folge der grundsätzlichen Unschuldsvermutung, die es ausschließt, auch bei noch so dringendem Tatverdacht, gegen den Beschuldigten im Vorgriff auf die Strafe solche Maßregeln zu verhängen, die in ihrer Wirkung der Freiheitsstrafe gleichkommt[3]. Soweit dem entgegnet wird, dass die Unschuldsvermutung im Grundgesetz nicht ausdrücklich geregelt ist, widerspricht es jedoch rechtsstaatlicher Überzeugung, sowie Art. 6 Abs. 2 der Europäischen Menschenrechtskonvention.

2   § 116 StPO im Ablauf der Fallbearbeitung

Während das Verfahren der vorläufigen Festnahme, welche ohne Haftbefehl erfolgt, in den §§ 128 ff. StPO geregelt ist, wird die Festnahme aufgrund eines bereits erlassenen Haftbefehls in den §§ 115 ff. StPO erfasst. Hat der Beamte dem Beschuldigten den Haftbefehl bekanntgegeben oder zumindest ihm vorläufig mitgeteilt, welcher Tat er verdächtig ist, so ist der Beschuldigte spätestens bis zum Ende des nächsten Tages[4] dem zuständigen Richter

---

[2] BVerfG in BVerfGE 19, Seite 342 (352).
[3] BVerfG in BVerfGE 19, Seite 342 (347).
[4] BGH in JR 1991, Seite 84.

vorzuführen (§§ 115, 115a Abs. 1 StPO, 104 Abs. 3 GG). Zuständig ist der Richter, der den Haftbefehl erlassen hat (sog. Haftrichter).

Der gem. § 115 StPO vernehmende Richter hat sämtliche Voraussaussetzungen des Haftbefehls in vollem Umfang zu prüfen; maßgeblich ist der neuste Stand der Ermittlungen (wichtig ist vor allem das Ergebnis der Vernehmung des Beschuldigten!). Weiterhin hat der Richter nun drei Aufgaben:

1. Als Ausprägung von Art. 104 Abs. 4 GG normiert § 114 b StPO die Benachrichtigung eines Angehörigen oder einer Vertrauensperson. Soweit der Untersuchungszweck nicht gefährdet wird, hat er daneben dem Verhafteten Gelegenheit zur persönlichen Unterrichtung einer Vertrauensperson zu geben (§ 114b Abs. 2 StPO).

2. Der Richter hat den Beschuldigten unverzüglich nach Maßgabe des § 115 Abs. 3 StPO zu vernehmen (§ 115 Abs. 2 StPO).

3. Er hat weiterhin zu entscheiden, ob die Untersuchungshaft aufrechterhalten werden kann. Dies ist der Fall, wenn ihre Voraussetzungen noch vorliegen (§ 115 Abs. 4 StPO) oder, ob der Haftbefehl nach § 120 StPO aufgehoben oder sein Vollzug nach § 116 StPO ausgesetzt werden muss bzw. kann. Die Formulierung „kann" in § 116 Abs. 2, 3 StPO bringt lediglich den großen Beurteilungsspielraum des Richters zum Ausdruck, eröffnet aber kein Ermessen. Der Richter wird daher nicht in der Entscheidung den Vollzug des Haftbefehls auszusetzen frei, sondern nur in der Begründung[5].

Aus anwaltlicher Sicht begründet schon die Frage, wie lang der Beschuldigte bis zu seiner Vorführung im Gewahrsam der Polizei verbleibt, ein Kapitel für sich, das von der Verteidigung nicht ernst genug genommen werden kann. Die Praxis zeigt, dass die Polizei nicht selten die Fristen der §§ 115 Abs. 1, 128 Abs. 1 StPO ausschöpft, um den Beschuldigten im Ermittlungsverfahren ausführlich vernehmen zu können, anstatt dem gesetzlichen Gebot zu genügen, den Beschuldigten unverzüglich, d.h. ohne schuldhaftes zögern, dem Haftrichter

---

[5] **Wendisch** in Löwe-Rosenberg, StPO, 1989, § 116, Rdn. 8.

vorzuführen[6]. Aus dieser Praxis folgen für den Beschuldigten nicht selten traumatische Erlebnisse und Erfahrungen, wenn sie in schwebender Ungewissheit unter nicht selten unwürdigen Bedingungen auf ihren Vorführtermin warten.

Die von Gebauer angestellt Untersuchung „Rechtswirklichkeit der Untersuchungshaft in Deutschland" hat ergeben, dass aktuell nur in etwa zwei Drittel der Fälle mündlicher Haftprüfung oder Vorführtermine der bereits bestellte Verteidiger auch tatsächlich am Termin teilgenommen hat[7]. Dabei wird häufig verkannt, dass der Anwalt verstärkt auf die Entscheidung des Haftrichters Einfluss nehmen kann. Gerade § 116 StPO bietet eine Vielzahl von Möglichkeiten zugunsten des Beschuldigten zu wirken.

3 Materiell-rechtliche Voraussetzungen des § 116 StPO

Die Überprüfung des § 116 StPO erfolgt – wie bereits erörtert – im Haftprüfungstermin. Die Haftprüfung ist die gerichtliche Prüfung und Entscheidung darüber, ob der Haftbefehl aufzuheben oder dessen Vollzug nach § 116 StPO auszusetzen ist. Solange der Beschuldigte in Untersuchungshaft ist, kann der Antrag „jederzeit" gestellt werden, § 117 StPO. Auf Antrag des Beschuldigten, oder wenn das Gericht es für geboten hält, wird eine mündliche Verhandlung anberaumt (§§ 118 Abs. 1, 3, 4 StPO); im Übrigen wird nach Aktenlage entschieden, und zwar nach Anhörung der Staatsanwaltschaft (§ 33 Abs. 2 StPO) und – unter den Voraussetzungen des § 33 Abs. 2 StPO – des Beschuldigten.

Soweit der Zweck der U-Haft es zulässt, muss oder kann der Vollzug des Haftbefehls durch weniger einschneidende Maßnahmen gem. § 116 StPO ersetzt werden. „Weniger einschneidende Maßnahmen" sind solche, die nach normativer und faktischer Betrachtung die persönlichen Freiheiten des Beschuldigten weniger belasten als der Vollzug der U-Haft. Sie dürfen daher ebenso wenig wie die U-Haft selbst Strafcharakter haben, noch gesetzeswidrig (etwa als Verstoß gegen die Menschenwürde) oder unzumutbar sein[8]. § 116 StPO kommt bei allen Haftgründen, außer dem der Flucht (§ 112 Abs. 2 Nr. 1 StPO) in Betracht. Diese Norm regelt die Anwendungsmöglichkeit bei den verschiedenen Haftgründen etwas unterschiedlich.

[6] **Seebode** in StV 1989, Seite 118 (119).
[7] **Gebauer**, Rechtswirklichkeit der Untersuchungshaft in Deutschland, Seite 315.
[8] OLG Saarbrücken, NJW 1978, Seite 2460 (2462).

3.1 Fluchtgefahr

Vor dem Hintergrund, dass der Haftgrund der Fluchtgefahr in der weitaus überwiegenden Zahl der Fälle angewandt wird (etwa 95 %)[9], ist dieser am bedeutungsvollsten innerhalb des § 116 StPO.

War der Haftbefehl lediglich wegen Fluchtgefahr angeordnet, dann „setzt" der Richter den Vollzug aus, wenn „namentlich" durch die näher bezeichneten Maßnahmen der Zweck der Untersuchungshaft erreicht werden kann.

Zwar benennt § 116 Abs. 1 StPO bestimmte Auflagen, jedoch sind diese nicht enumerativ. Gleichwohl kommt ihm in der Praxis die größte Bedeutung zu. Beispielhaft aufgezählte Mittel sind die Meldepflicht, Aufenthaltsbeschränkung, Hausarrest und Sicherheitsleistung. Der Richter kann auch mehrere im Gesetz genannte oder von ihm ausgewählte Auflagen miteinander kombinieren. Im Aussetzungsbeschluss müssen die Maßnahmen jedoch genau umschrieben werden, damit der Beschuldigte weiß, wie er sich zu verhalten hat, um sich die Vorteile der Haftverschonung zu sichern und keinen Widerruf der Aussetzung zu riskieren (§ 116 Abs. 4 StPO).

3.1.1 Die Meldepflicht (§ 116 Abs. 1 Satz 2 Nr. 1 StPO)

Die Verschonungsauflage der Meldepflicht besagt, der Beschuldigte habe zu bestimmten Zeiten bei einer bestimmten Dienststelle (i.d.R.) Polizei persönlich vorzusprechen. Die turnusmäßigen Meldezeiten und die Meldestelle werden im Aussetzungsbeschluss festgelegt. Die Dienstelle ist über den Inhalt der Meldeauflage zu informieren mit dem Ersuchen, die Einhaltung zu überwachen und Verstöße unverzüglich mitzuteilen.

Im Rahmen der Ermessensfreiheit des Richters ist es bei der Ausgestaltung der Verschonungsauflagen zulässig, die Meldung bei einer privaten Stelle vorzusehen. Als eine solche private Stellung kommt etwa der Arbeitgeber in Betracht. Diese, über den Wortlaut des Nr. 1 hinausgehende Auflage, muss aber auf Ausnahmefälle beschränkt bleiben. Dies gilt

---

[9] **Deckers**, in Beck´sches Formularbuch für den Strafverteidiger, 1992, Seite 129.

insbesondere deshalb, weil sie das Einverständnis der Privatperson, deren besondere Zuverlässigkeit und auch Verschwiegenheit voraussetzt[10].

3.1.2 Die Aufenthaltsbeschränkung (§ 116 Abs. 1 Satz 2 Nr. 2 StPO)

Die Aufenthaltsbeschränkung beinhaltet die Auflage einen bestimmten Ort nicht unerlaubt zu verlassen. Ob der Beschuldigte der Anweisung folgt ist kaum kontrollierbar. Eine auch nur stichprobenartige Kontrolle durch uniformierte Polizeibeamte würde zu einer unangemessenen sozialen Bloßstellung führen und ist daher abzulehnen[11]. Die Aussetzung des Vollzugs kommt daher einer Entlassung auf Ehrenwort nahe, da sie ein Vertrauen des Richters in das Verhalten des Beschuldigten voraussetzt. In der Praxis kommt diese Verschonungsauflage z.b. im Zusammenhang mit einer Drogen-Langzeittherapie in Betracht[12]. Sinnvoll ist die Aufenthaltsbeschränkung auch in Verbindung mit anderen Maßnahmen, z.b. der Meldepflicht nach § 116 Abs. 1 Satz 2 Nr. 1 StPO oder der Ablieferung des Passes.

3.1.3 Die Pflicht, die Wohnung nur unter Aufsicht zu verlassen (§ 116 Abs. 1 Satz 2 Nr. 3 StPO)

Dieser Auflage kommt in der Praxis kaum eine relevante Bedeutung zu. Dies gilt vor allem deshalb, weil sie eine i.d.R. nicht zu überwachende Maßnahme darstellt. Zumindest bei Erwachsenen wird es einer sehr sorgfältigen Auswahl der Aufsichtsperson bedürfen, damit die Aufsicht nicht zur Demütigung wird. Zudem muss die Aufsichtsperson in der Lage sein, die Kontrolle zu übernehmen, dass der Beschuldigte nicht ohne ihre Aufsicht handelt. Ein solches Unterfangen ist daher im Ergebnis nur bei Jugendlichen praktikabel. Hier kann ein zuverlässig wirkender Erziehungsberechtigter mitwirken. Diese Maßnahme darf jedoch nicht als mildere Form der U-Haft selbst verstanden werden[13]. Sie ist also kein aliud gegenüber der U-Haft, sondern ein Minus. Daher ist auch eine dauernde Überwachung nicht erforderlich. So kann es genügen, dass die Aufsichtsperson den Beschuldigten auf den Weg zur Schule oder zur Arbeitsstelle und zurück begleitet[14].

---

[10] **Kleinknecht/Meyer-Goßner**, StPO, 1997, § 116, Rdn. 7.
[11] **Kleinknecht/Meyer-Goßner**, StPO, 1997, § 116, Rdn. 7.
[12] Vgl. OLG Frankfurt, StV 1991, Seite 27; OLG Celle, StV 1991, Seite 473.
[13] **Paeffgen** in SK, StPO, 1997, § 116, Rdn. 13.
[14] Boujong, in KK, StPO, 1993, § 116, Rdn. 17.

Besondere Bedeutung könnte dieser Verschonungsauflage in Zukunft zukommen, wenn sich die Aufsichtsperson durch technische Vorrichtungen ersetzen lassen würde. In der aktuellen Diskussion wird hier insbesondere die elektronische Fussfessel aufgeführt. Dies erscheint jedoch nicht nur im Hinblick auf die Abwägung zwischen staatlichem Strafanspruch und Freiheit der Person in Art. 2 Abs. 1 GG bedenklich, sondern stellt nach meiner Einschätzung gleichfalls kein deutliches Minus gegenüber der U-Haft dar. Deshalb würde die Maßnahme dem Grundprinzip des § 116 StPO zuwiderlaufen.

3.1.4 Die Leistung einer angemessenen Sicherheit (Kaution)

Die Leistung einer angemessenen Sicherheit durch den Beschuldigten oder einen Dritten ist in § 116 Abs. 1 Satz 2 Nr. 4 StPO[15] für die Fälle des Fluchtverdachts als weitere Möglichkeit, Haftverschonung zu erlangen, vorgesehen. Dieser Auflage kommt in der Praxis erhebliche Bedeutung zu. Die Kaution soll die Anwesenheit des Beschuldigten im Strafverfahren und den Antritt der Freiheitsstrafe bzw. freiheitsentziehenden Maßregel der Besserung und Sicherung sicherstellen.

Gelegentlich wird die Frage aufgeworfen, ob die Haftverschonung gegen Sicherheitsleistung deshalb den Gleichheitsgrundsatz verletze, weil sie dem Vermögenden vor dem Vermögenslosen einen Verzug einräume[16]. Dies wird in der überwiegenden Literatur und der Rechtsprechung verneint. Das Grundgesetz geht von der bestehenden Wirtschaftsordnung aus, die wirtschaftliche Ungleichheit kennt. Die Rechtsordnung muss zwar die Ausübung von Rechten von der Wirtschaftslage unabhängig stellen, kann aber dem Vermögenden nicht Ausweichmöglichkeiten nur deshalb versagen, weil der Vermögenslose sich ihrer nicht bedienen kann[17]. Zudem kann die Höhe der Sicherheit an den finanziellen Verhältnissen des jeweiligen Beschuldigten ausgerichtet werden, wie dies bei der Strafzumessung der Fall ist[18]. Nach meiner Einschätzung ist dies jedoch nur bei einer zu erwartenden Geldstrafe möglich, da sich hier die Höhe gleichfalls nach den persönlichen Verhältnissen bemisst.

Vor allem in der Literatur wird innerhalb dieser Auflage weiterhin kontrovers diskutiert, ob die Aussetzung gegen Sicherheitsleistung vom Einverständnis des Beschuldigten und dessen

---

[15] Vgl. auch Art. 5 Abs. 3 Satz 3 MRK.
[16] **Setsivits**, ZRP 1969, Seite 175 f.
[17] **Wendisch** in Löwe-Rosenberg, StPO, 1989, § 116a, Rdn. 2.
[18] OLG Bamberg, MDR 1958, Seite 788;
   Tiedemann, GA 1964, Seite 353 (373 f.).

Antrag abhängig ist. Bejaht wird dies insbesondere im Hinblick auf die Entstehungsgeschichte der Norm und dem Wortlaut des § 116a Abs. 3 StPO[19]. Diese Betrachtungsweise erscheint mir jedoch zu oberflächlich. Diese Ansicht wird nicht dem Wortlaut des § 116 Abs. 1 Satz 2 Nr. 4 StPO gerecht, der hinsichtlich des Grundes von § 116a Abs. 3 StPO losgelöst zu betrachten ist[20]. § 116a Abs. 3 StPO ist nach meiner Einschätzung keine Konkretisierung des § 116 Abs. 1 Satz 2 Nr. 4 StPO, sondern regelt lediglich den Sonderfall des im Ausland wohnenden Beschuldigten. Dies ergibt sich schon aus der „Und-Verknüpfung" in dieser Norm. Zudem erscheint eine entgegenstehende Ansicht im Hinblick auf Art. 5 Abs. 3 Satz 3 MRK bedenklich, da dies einer wesentlichen Einschränkung dieser Grundsatznorm gleichkommen würde. Unter Umständen wird sogar der Wesensgehalt dieses Artikels verändert.

Die Ausgestaltung der Sicherheitsleistung im Einzelnen ist in § 116a Abs. 1, 2 StPO normiert. Als Arten der Sicherheitsleistung führt das Gesetz abschließend die Hinterlegung, Pfandbestellung und Bürgschaft auf. Letzteres erscheint besonders interessant. Sie muss als Sicherheit Dritter nämlich modifiziert angewandt werden. Damit der Dritte die Sicherheit nicht als Freundschaftsgeschenk ansehen kann, muss die Bürgschaftssumme nach dem Vermögen des Leistenden, also des Bürgen festgesetzt werden.

Da der Beschuldigte kein Vermögen, sondern nur seine Ehre aufs Spiel setzt, verlangt diese Verschonungsauflage ein gewisses Vertrauen. Mangels bürgerlich-rechtlichen Anspruchsgrundlage des Staates gegen den Beschuldigten ist die Bürgschaft aber auch nicht nach bürgerlichem Recht zu beurteilen. Daher bedarf sie nicht der Schriftform. Auch hat der Bürge nicht die Einrede der Vorausklage. In der Praxis erfolgt daher i.d.R. die Hinterlegung der Kaution bei einer Bank mit der Ermächtigung gegenüber dem Staat nach Verfall von der Sicherheit (§ 124 StPO) Gebrauch zu machen.

[19] **Wendisch** in Löwe-Rosenberg, StPO, 1989, § 116a, Rdn. 2.
[20] **Kleinknecht/Meyer-Goßner**, § 116, Rdn. 10;
Boujong, KK, StPO, 1993, § 116, Rdn. 18;
Paeffgen in SK, StPO, § 116, Rdn. 14.

3.1.5 Beispiele für nicht-benannte Auflagen

Bereits an anderer Stelle wurde ausgeführt, dass die Aufzählung der Verschonungsauflagen in § 116 StPO nicht abschließend sind. Beispiele für nicht-benannte Auflagen sind insbesondere die Hinterlegung des Reisepasses und des Personalausweises[21], die Sperrung des Sparbuchs/Bankkontos, wenn es sich um den einzigen namhaften Vermögenswert des Beschuldigten handelt, oder die Durchführung einer (freiwilligen) Drogentherapie in einer Wohngruppe unter Aufsicht eines Betreuers[22].

3.2 Verdunkelungsgefahr

Bei Verdunkelungsgefahr kann der Vollzug ausgesetzt werden, wenn ein milderes Mittel – vor allem die Anweisung, mit bestimmten Personen (Mitbeschuldigten, Zeugen, Sachverständigen) keine Verbindung aufzunehmen – in Betracht kommt. Evident richten sich die Surrogations-Möglichkeiten demnach besonders stark nach dem Schutz einer ungestörten Wahrheitsermittlung. Die Wirkung der in § 116 Abs. 2 Satz 2 StPO benannten Verschonungsauflagen und eine wirksame Kontrollmöglichkeit derselben ist sehr zweifelhaft. Dies führte dazu, dass der Gesetzgeber die Aussetzung nur fakultativ („kann") geregelt hat. In der Praxis der richterlichen Tätigkeit ist daher eine Kombination mit weiteren Auflagen (z.B. nach § 116 Abs. 1 Satz 2 Nr. 2, 3 StPO) besonders naheliegend. So kann die Anweisung bestimmte Personen nicht zu kontaktieren mit der Auflage, den Wohn- oder Aufenthaltsort oder einen bestimmten Bereich nicht ohne Erlaubnis des Richters zu verlassen, gekoppelt werden. Die richterliche Gestaltungsfreiheit hinsichtlich der Verschonungsauflage findet jedoch dort ihre Grenze, wo Grundprinzipien berührt werden. Im Hinblick auf Art. 6 GG und Art. 2 Abs. 1 GG darf dem Beschuldigten z.B. der Kontakt zu seinen in Hausgemeinschaft mit ihm lebenden Angehörigen (Kindern) nicht untersagt werden, auch wenn diese als die einzigsten Zeugen in Frage kommen[23]. Ferner ist es – wegen dem Rechtsstaatsprinzip in seiner Ausgestaltung als Gebot fairer Verfahrensführung[24] - unzulässig, dem Beschuldigten nach § 116 StPO den Verkehr mit seinem Verteidiger zu verbieten[25]. Etwas anderes kann sich nur aus § 138 Abs. 1 StPO bzw. im Hinblick auf § 129a StGB[26] ergeben. Diese Ausführungen

---

[21] OLG Saarbrücken, NJW 1978, Seite 2460.
[22] OLG Hamm, StV 14984, Seite 123.
[23] OLG Hamburg, Rechtspfleger 1966, Seite 374.
[24] BVerfGE 46, Seite 202.
[25] **Hengstberger**, JZ 1966, Seite 209 (212).
[26] Vgl. §§ 31 ff. EGGVG.

zeigen, dass die Grenzziehung innerhalb einer rechtmäßigen Abwägung äußerst schwierig ist. Auch innerhalb der Auflagenauswahl wird deutlich, dass der Verhältnismäßigkeitsgrundsatz „Hand in Hand" mit dem § 116 StPO geht.

Vor diesem Hintergrund ist es auch nicht verwunderlich, dass viele Auflagen bzw. Auflagenkombinationen heftigst diskutiert werden. Dies darzustellen, würde jedoch den Rahmen dieser Ausarbeitung sprengen. Gleichwohl erscheint mir eine kurze Darstellung hinsichtlich der Möglichkeit einer Sicherheitsleistung für angebracht, ja sogar erforderlich.

Am sinnvollsten erscheint es mir nämlich, auch im Rahmen des § 116 Abs. 2 StPO dem Beschuldigten zusätzlich eine Sicherheitsleistung aufzuerlegen, um ihn dazu zu motivieren, von Verdunkelungshandlungen Abstand zu nehmen. Natürlich erfährt die Auflage dabei ihre Grenze mit der schwere der Strafe und dem zu erwartenden Strafmaß. In diesen Fällen wird aber häufig bereits § 116 Abs. 1 StPO einschlägig sein, so dass sich diese Frage bei § 116 Abs. 2 StPO   nicht stellen wird.

Dieser Ansicht wird jedoch heftigst widersprochen[27]. Vor dem praktischen Hintergrund der Unkontrollierbarkeit erscheint mir dies jedoch verwunderlich. Die Argumente dieser Ansicht erschöpfen sich nämlich – wie so häufig – im Wortlaut des § 116 Abs. 2 StPO, der diese Möglichkeit nicht ausdrücklich benennt. Nach meiner Einschätzung steht dieses Argument auf schwachem Grund. Der Verhältnismäßigkeitsgrundsatz gebietet es nämlich, alle Surrogationsmöglichkeiten auszunutzen. Schließlich ist der Verhältnismäßigkeitsgrundsatz in § 72 JGG sogar ausdrücklich genannt. Diese Norm wird allgemein als die im Jugendgerichtsverfahren des § 116 StPO entsprechende Norm angesehen. Gerade auch der offene Wortlaut des § 116 StPO zeigt nach meiner Einschätzung auf, dass die Sicherheitsleistung als zusätzliche Möglichkeit auch in anderen Haftgrund-Fällen eröffnet ist. Auf den Gesetzgeber zu verweisen erscheint mir daher nicht notwendig. Einer Neufassung des § 116 StPO bedarf es daher – was die Konsequenz der Gegenansicht wäre – nicht.

---

[27] Vgl. **Paeffgen**, SK, StPO, § 116, Rdn. 18;
   KG JR 1990, Seite 34;
   OLG Frankfurt, NJW 1978, Seite 838.

3.3 Wiederholungsgefahr, § 112a StPO

Bei einem gem. § 112a StPO erlassenen Haftbefehl „kann" auf der Basis von „Anweisungen" ebenfalls der Vollzug ausgesetzt werden (§ 116 Abs. 3 StPO).

Für die Fälle der Wiederholungsgefahr nach § 116 Abs. 3 StPO hat der Gesetzgeber davon abgesehen, Beispiele für Verschonungsauflagen zu nennen. Daher kommen auch hier Maßnahmen nach § 116 Abs. 1 Satz 2 Nr. 2 bis 4 StPO in Betracht. Aber auch § 56c Abs. 2 Nr. 1, 2, 4 Abs. 3 StGB und § 10 Abs. 1 Satz 3 N. 1 bis 5 JGG können dem Richter eine Orientierungshilfe sein.

Namentlich kommt in den Fällen des § 112a Abs. 1 Nr. 1 StPO vor allem die Auflage an den Beschuldigten in Betracht, sich in ärztliche Behandlung zu begeben, in den Fällen des § 112a Abs. 1 Nr. 2 StPO die Weisung einen bestimmten Aufenthalt nicht zu verlassen oder zu nehmen.

Nach meiner Einschätzung kommt auch eine Sicherheitsleistung in Betracht[28]. Insofern kann nichts anderes gelten, wie bei § 116 Abs. 2 StPO.

3.4 Vollzugsaussetzung in den Fällen des § 112 Abs. 3 StPO

Es fällt auf, dass in § 116 StPO der gemäß § 112 Abs. 3 StPO angeordnete Haftbefehl nicht erwähnt ist. In § 112 Abs. 3 StPO ist ein Katalog schwerer Straftaten aufgeführt, derentwegen gegen einen dringend Tatverdächtigen die Untersuchungshaft - nach der Formulierung des Gesetzes - auch dann angeordnetwerden darf, „wenn ein Haftgrund nach der Formulierung des Gesetzes nach Abs. 2" (Flucht, Fluchtgefahr, Verdunkelungsgefahr) „nicht besteht". Fraglich ist jedoch, ob eine verfassungskonforme Auslegung es § 116 StPO die Anwendbarkeit des § 116 StPO auch auf Haftbefehle, die auf § 112 Abs. 3 StPO gestützt wurden, gebietet. Wie bereits ausführlich erörtert, muss § 116 StPO vor dem Hintergrund des Verhältnismäßigkeitsgrundsatzes betrachtet werden. Dies hat auch das Bundesverfassungsgericht erkannt und den § 112 Abs. 3 StPO ausschließlich zu verfahrenssichernden Zwecken für anwendbar erklärt. Danach kann auch, bei dem in § 112

---

[28] Andere Ansicht: **Kleinknecht/Meyer-Goßner**, § 116, Rdn. 17.

Abs. 3 StPO genannten Delikten der Vollzug der U-Haft ausgesetzt werden, wenn mit milderen Mitteln auszukommen ist.

Gleichwohl ist diese Betrachtungsweise erheblichen Bedenken ausgesetzt. § 112 Abs. 3 StPO sollte keinen verfahrenssichernden oder vorbeugenden Zweck verfolgen. Vielmehr indizierte die Verwirklichung dieser Unrechtstatbestände die Unerträglichkeit, den Beschuldigten in Freiheit zu lassen. Vor diesem Hintergrund machen weniger einschneidende Maßnahmen jedoch keinen Sinn[29]. Zudem bietet sich das Wortlautargument, dass § 112 Abs. 2 StPO und § 112a StPO erwähnt sind, nicht aber § 112 Abs. 3 StPO, an. Ein weiteres Argument ist der Wille des Gesetzgebers. Nach der Entscheidung des Bundesverfassungsgerichts vom 15. Dezember 1965[30] sollte der Gesetzgeber die Vorschrift des § 112 Abs. 3 StPO streichen[31]. Das Gegenteil war jedoch der Fall. Im Rahmen des am 01. Dezember 1994 in Kraft getretenen Verbrechungsbekämpfungsgesetzes, hat er den Katalog der in § 112 Abs. 3 StPO genannte Delikte noch erweitert. Hinzugekommen sind die Straftaten der besonders schweren Brandstiftung nach § 3078 StGB a.f. und der besonders schweren Körperverletzung nach § 225 StGB a.F.

Dennoch vermögen diese Argumente der Ansicht des Bundesverfassungsgerichts, die Möglichkeit einer Haftuntersuchung im Rahmen dieser Norm nicht von vornherein auszuschließen, nicht entgegenzustehen. § 112 Abs. 3 StPO verlangt für einen Haftbefehl, also die Verwahrung des Beschuldigten in der Untersuchungshaft, geringere Voraussetzungen als für solche nach § 112 Abs. 2, § 112a StPO. Folgerichtig muss für diese Fälle auch der § 116 StPO als Ausgleich Geltung finden[32]. Dabei spricht das Gericht von einer „möglichen" Haftverschonung[33]. Dies dürfte dazu führen, dass vornehmlich die entsprechende Anwendung des § 116 Abs. 2 und 3 StPO gilt, d.h. der Richter „kann" aussetzen.

In der Praxis wurde diese spezielle Entscheidung des Bundesverfassungsgerichts nach meiner Einschätzung jedoch weitestgehend bedeutungslos. Denn, wenn der Beschuldigte einer Straftat von der Schwere der in § 112 Abs. 3 StPO bezeichneten Delikte dringend verdächtig ist, wird wegen der hohen Straferwartung meist auch Fluchtgefahr im Sinne von § 112 Abs. 2

[29] **Roxin**, Strafverfahrensrecht, 1998, Seite 256.
[30] Vgl. BVerfG in BVerfGE 19, Seite 343 ff.
[31] **Wolter**, ZStW 93 (1981), Seite 452, 482.
[32] BVerfG in BVerfGE 19, Seite 343 (351).
[33] BVerfG in BVerfGE 19, Seite 343 (349).

Nr. 2 StPO vorliegen. Dafür findet jedoch wiederum § 116 Abs. 1 StPO Anwendung. Gleiches gilt jedoch ggf. hinsichtlich der weiteren Haftgründe.

Zusammenfassend sind die Ersatzmaßnahmen also auch hinsichtlich § 112 Abs. 3 StPO, in entsprechender Anwendung des § 116 Abs. 1 2 oder 3 StPO zu treffen, je nachdem, ob sich der Haftbefehl auf die nicht auszuräumende Flucht-, Verdunkelungs- oder Wiederholungsgefahr gründet.

4   Besonderheiten im Verfahren gegen Jugendliche

Nach § 72 Abs. 1 JGG darf Untersuchungshaft nur verhängt und vollstreckt werden, wenn ihr Zweck nicht durch eine vorläufige Anordnung über die Erziehung oder durch andere Maßnahmen erreicht werden kann. Im Hinblick auf § 116 StPO bedeutet dies, dass der Jugendrichter den Vollzug des Haftbefehls gegen einen Jugendlichen aussetzt, wenn der Zweck der Untersuchungshaft auch durch weniger einschneidende Maßnahmen erreicht werden kann. Aufgrund der normativen und faktischen Betrachtungsweise muss aber die Auswahl der Maßnahme dem besonderen Charakter des Jugendgerichtsverfahrens gerecht werden. Im Ergebnis wird daher immer weniger verlangt als für die Aussetzung des Vollzuges als bei § 116 StPO.

5   Rechtsbehelfe hinsichtlich des § 116 StPO

Die Entscheidung des Richters ergeht durch Beschluss. Daher ist gegen die Aussetzung des Vollzuges die Beschwerde der Staatsanwaltschaft nach § 304 Abs. 1 StPO zulässig; ist ein Antrag auf Haftverschonung abgelehnt oder nach § 116 Abs. 4 StPO der Vollzug des Haftbefehl angeordnet worden, so ist der Beschuldigte beschwerdeberechtigt. Er kann die Beschwerde auch einlegen, wenn er die Weisungen und Beschränkungen für übermäßig belastend hält.[34]

---

[34] **Kleinknecht/Meyer-Goßner**, StPO, 1997, § 116, Rdn. 31.

Die weitere Beschwerde nach § 310 StPO ist nur gegen die Entscheidung der Haftverschonung oder Vollzug des Haftbefehls nach § 116 Abs. 4 StPO zulässig, nicht aber hinsichtlich der vom Richter ausgewählten Verschonungsauflagen. Letzteres ergibt sich daraus, dass die Verschonungsauflagen nicht die „Verhaftung" im Sinne von § 310 StPO beträfe[35].

Gleiches gilt bereits hinsichtlich der Beschlüsse der erstinstanzlichen Strafsenate des Oberlandesgerichts und gegen Verfügungen des Ermittlungsrichters des Bundesgerichtshofs in Bezug auf § 304 StPO.

Zusammenfassend ist festzuhalten, dass die Beschwerde immer unstreitig zulässig ist, wenn es um das „Ob" eines Freiheitsentzugs geht. Geht es hingegen um die Auflagen, als das „Wie" des Freiheitsentzugs ist die Beschwerde nach herrschender Meinung unzulässig.

Mangels Suspensiveffekt handelt es sich bei der Beschwerde um einen Rechtsbehelf und nicht um ein Rechtsmittel.

[35] **Paeffgen** in SK, StPO, 1997, § 116 Rdn. 23.

19

6   Anlagen:

Quelle: Eigene Darstellung

Folie 1: Ablaufdiagramm von der „Tat zur Haftverschonung"

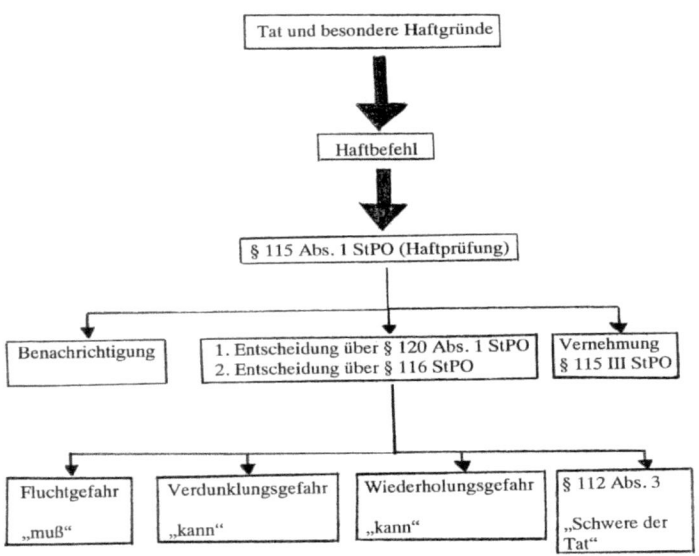

Mittel: 1. Kaution (wichtigster Fall), hier: Fluchtgefahr beseitigt
2. Anerkennung der Tat dem Grunde nach, aber nicht der Höhe nach, hier: Verdunklungsgefahr beseitigt

Quelle: Eigene Darstellung

Folie 1: Ablaufdiagramm „Rechtsbehelfe"

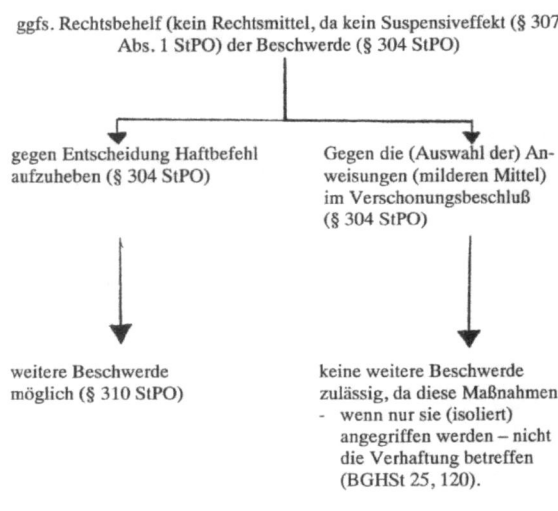

ggfs. Rechtsbehelf (kein Rechtsmittel, da kein Suspensiveffekt (§ 307 Abs. 1 StPO) der Beschwerde (§ 304 StPO)

gegen Entscheidung Haftbefehl aufzuheben (§ 304 StPO)

Gegen die (Auswahl der) Anweisungen (milderen Mittel) im Verschonungsbeschluß (§ 304 StPO)

weitere Beschwerde möglich (§ 310 StPO)

keine weitere Beschwerde zulässig, da diese Maßnahmen
- wenn nur sie (isoliert) angegriffen werden – nicht die Verhaftung betreffen (BGHSt 25, 120).

ggfs. Widerruf der Haftverschonung, wenn Anweisungen nicht eingehalten werden (§ 116 Abs. 4 StPO).